우리 몸을 구석구석 여행하는 **신비한 의학 교실** | 키즈 유니버시티
KIDS UNIVERSITY

박테리아와 항생제

"BABY MEDICAL SCHOOL: BACTERIA & ANTIBIOTICS"

카라 플로렌스·존 플로렌스 지음 | 정회성 옮김

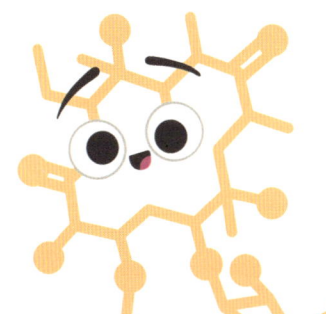

박테리아는 아주 **작은** 생명체예요.

머리카락 　　　　세포　　　　박테리아

우리 몸에는 수많은 박테리아가 있어요.
몸속에도 있고, 피부에도 있지요.
박테리아처럼 눈으로는 볼 수 없는 아주
작은 생물을 **미생물**이라고 해요.

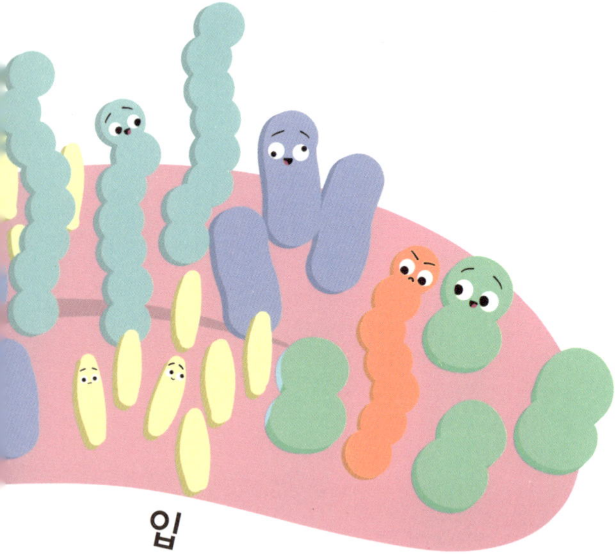

입

창자

피부

좋은 박테리아는 음식물을 소화시켜 중요한 **영양소**를 만드는 일을 해요.

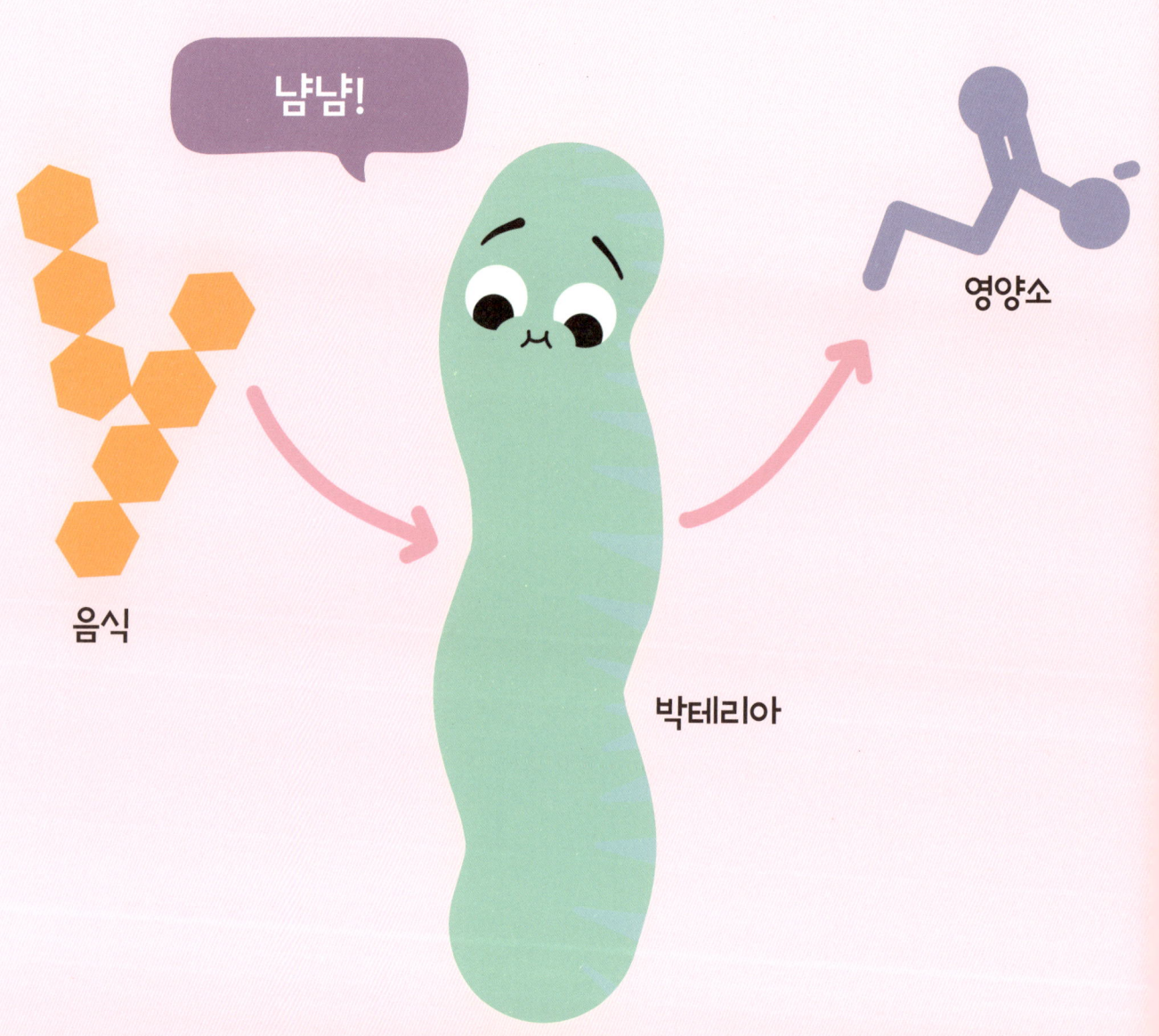

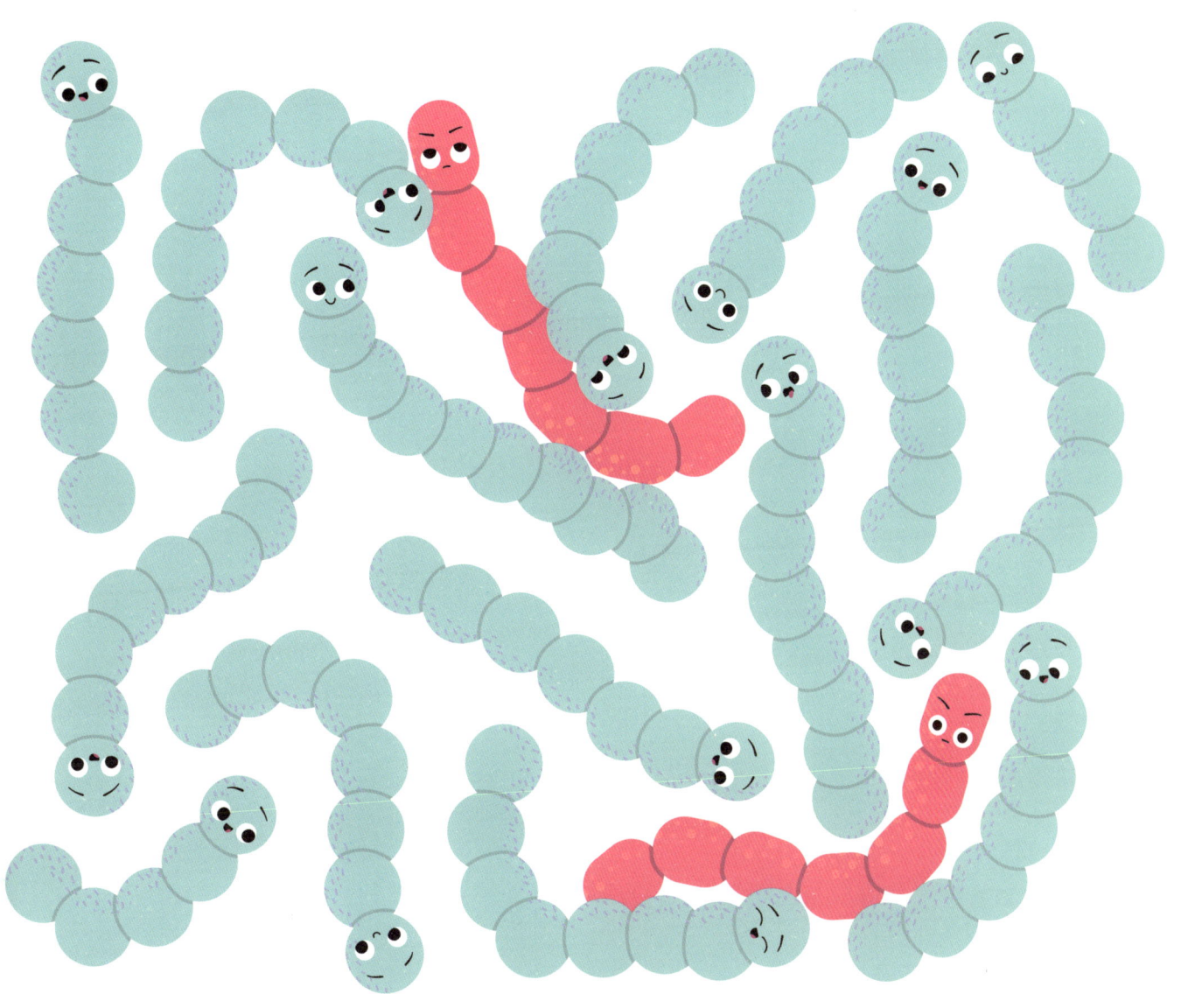

또 좋은 박테리아는 우리 몸에서 **나쁜 박테리아**를 몰아내기도 해요.

우리 몸 안에 있는 미생물은 **건강**을 지키는 일을 해요.

좋은 박테리아는 나쁜 박테리아를 물리치기 위해 **면역 체계**와 함께 일하기도 해요.

큰포식세포

우리 몸에 나쁜 박테리아가 많으면 **병**에 걸릴 수 있어요.

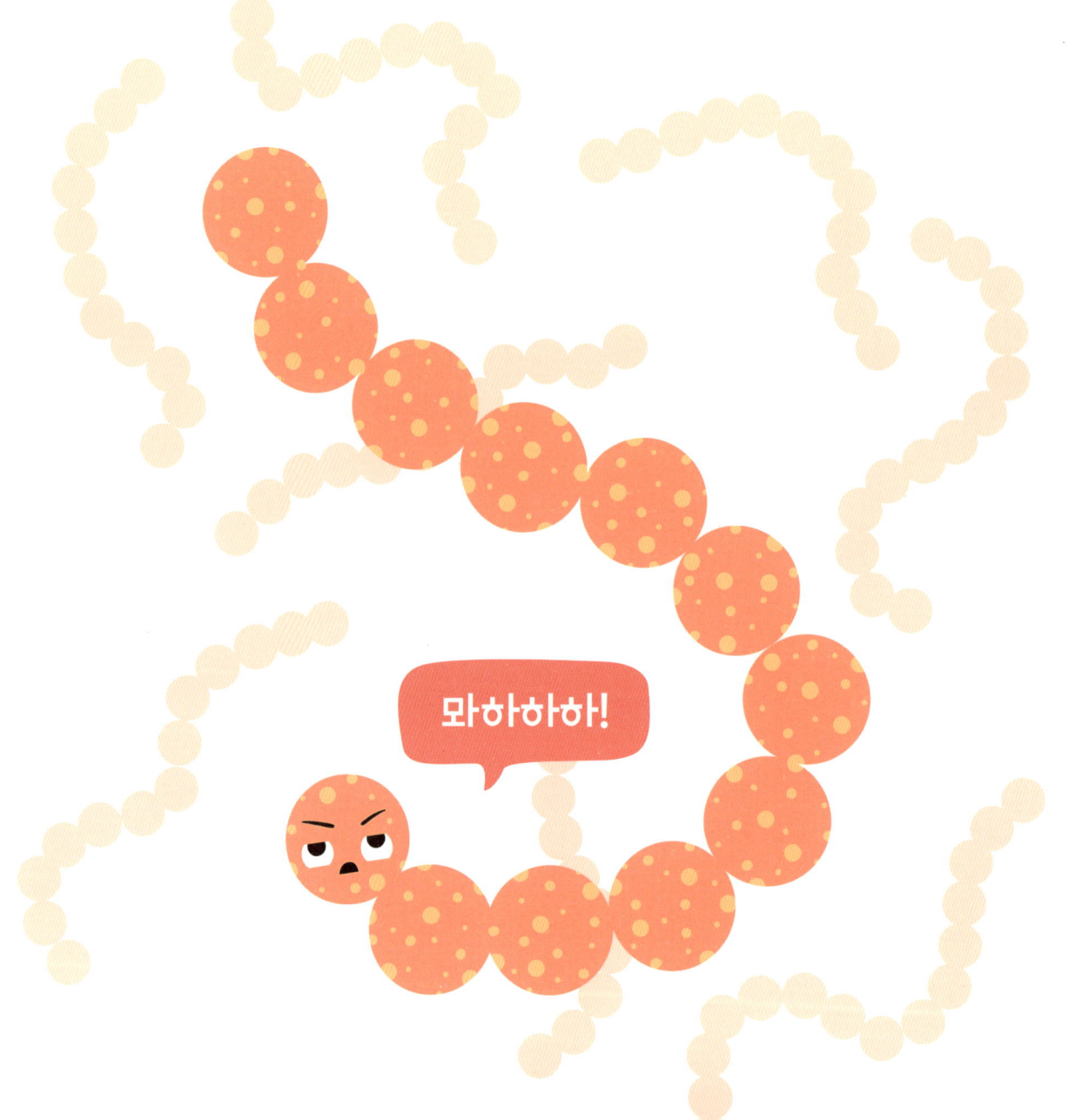

또 면역 체계가 **도움**을 요청할 때도 있어요.

다행히 우리에게는 나쁜 박테리아를 물리치는 **항생제**라는 약이 있어요.

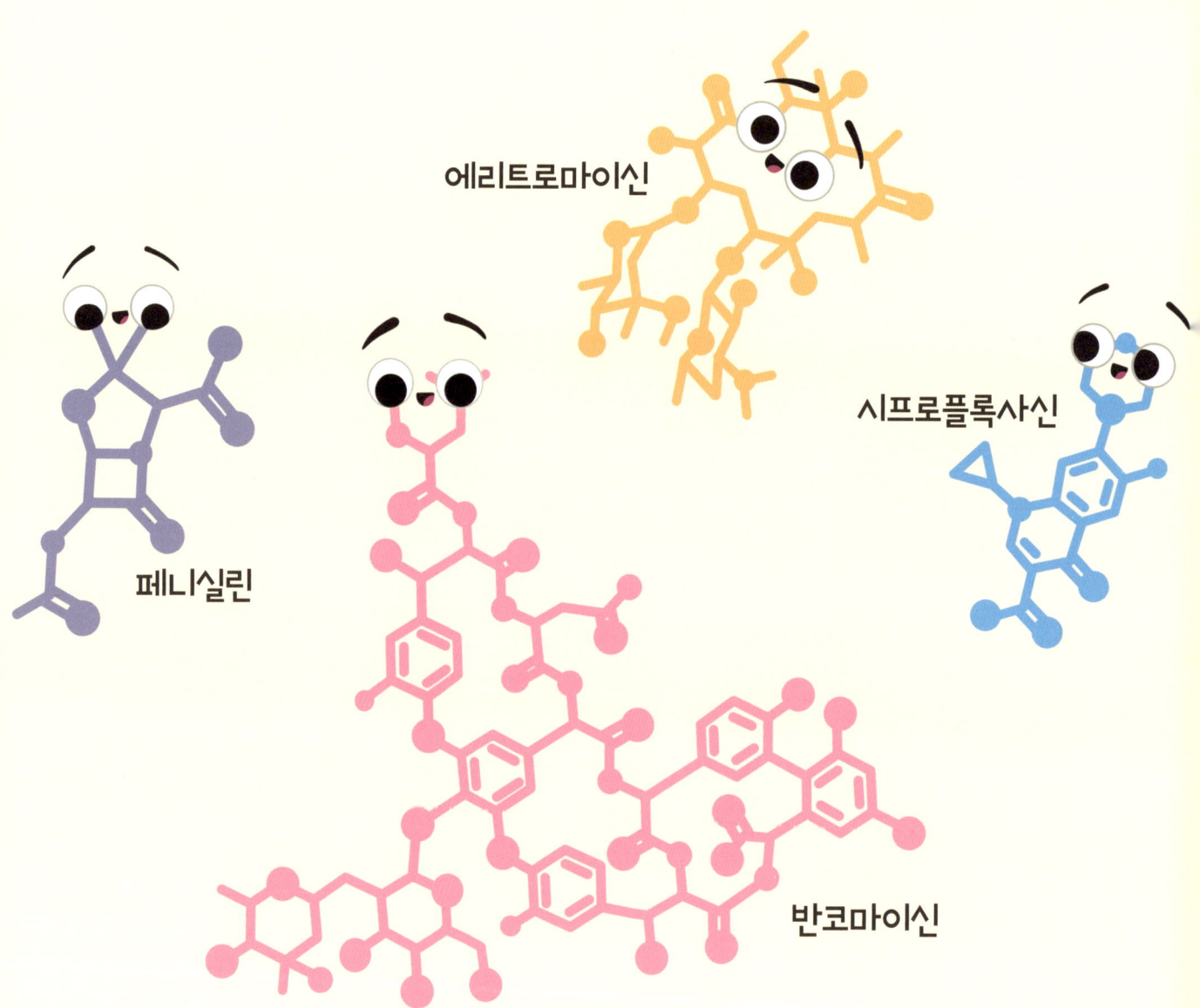

항생제는 바이러스나 곰팡이균이 아닌 **박테리아**만 물리쳐요. 그래서 바이러스가 일으키는 감기에 걸렸을 때는 항생제가 도움이 되지 않는답니다.

세상에는 여러 종류의 박테리아가 있어요. 그리고 이에 맞서는 항생제 종류도 많지요.

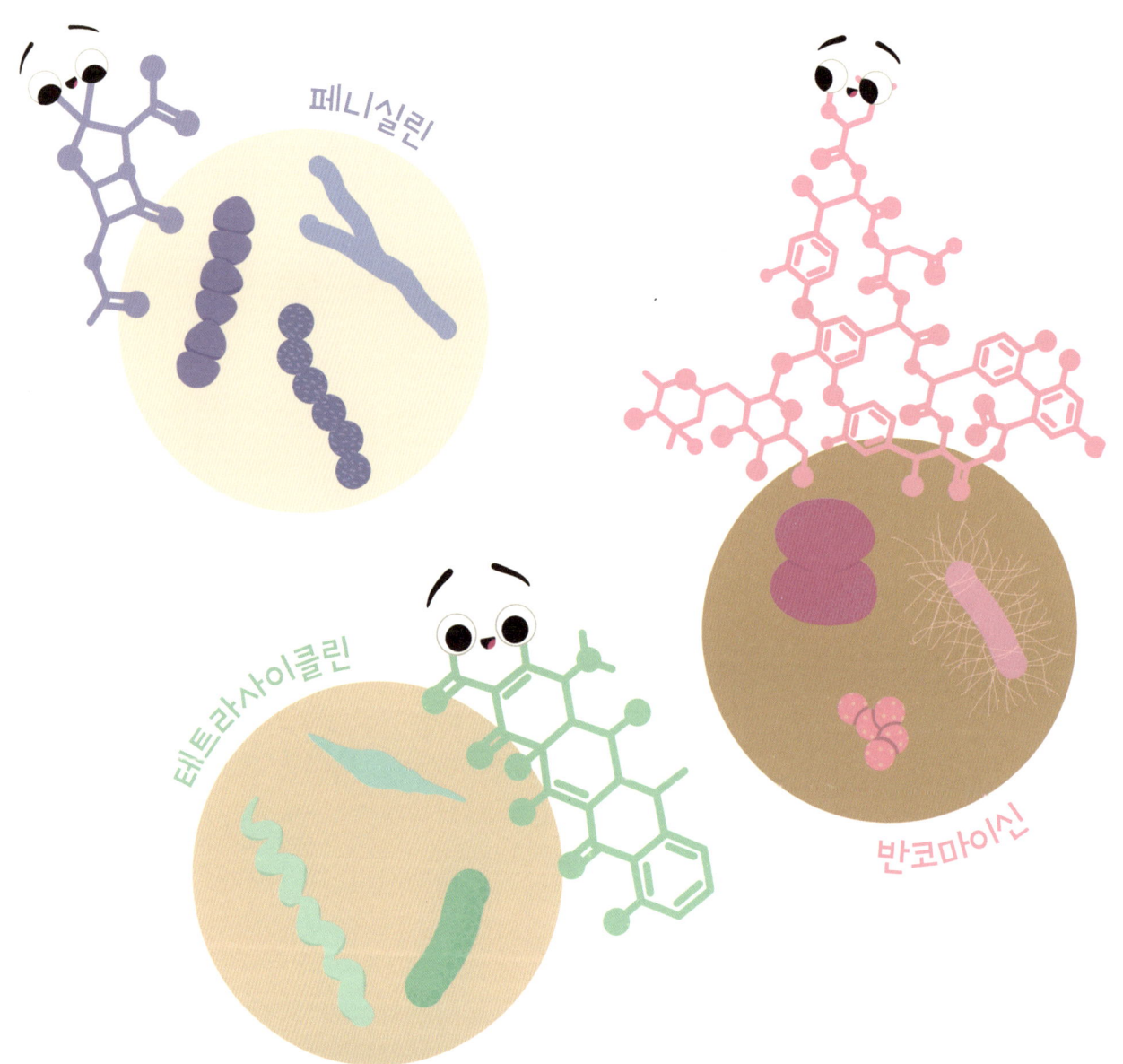

항생제는 박테리아가 우리 몸 안에서 마음대로 활동하지 못하게 **막아요**.

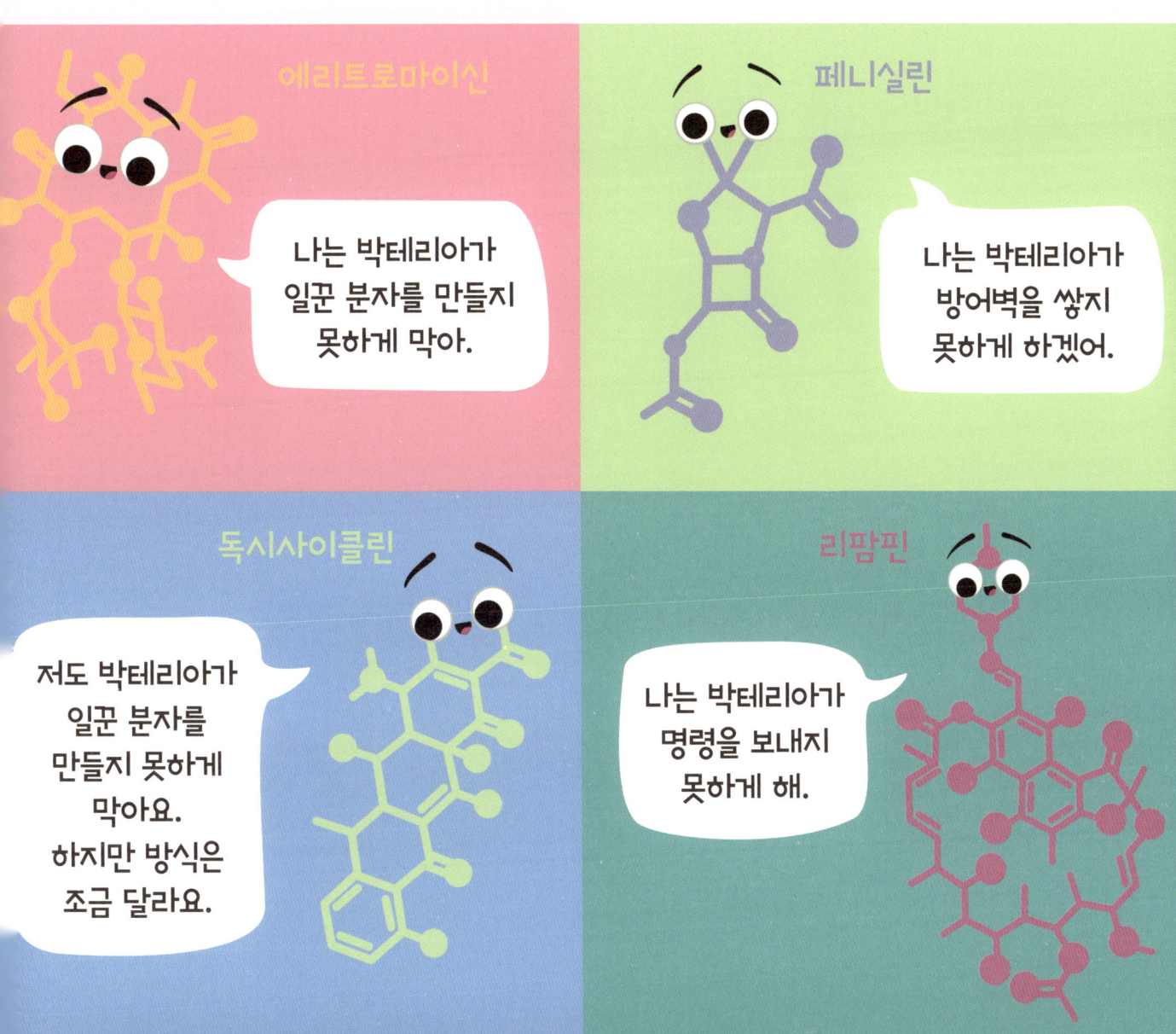

항생제는 지금까지 수많은 생명을 구했어요.

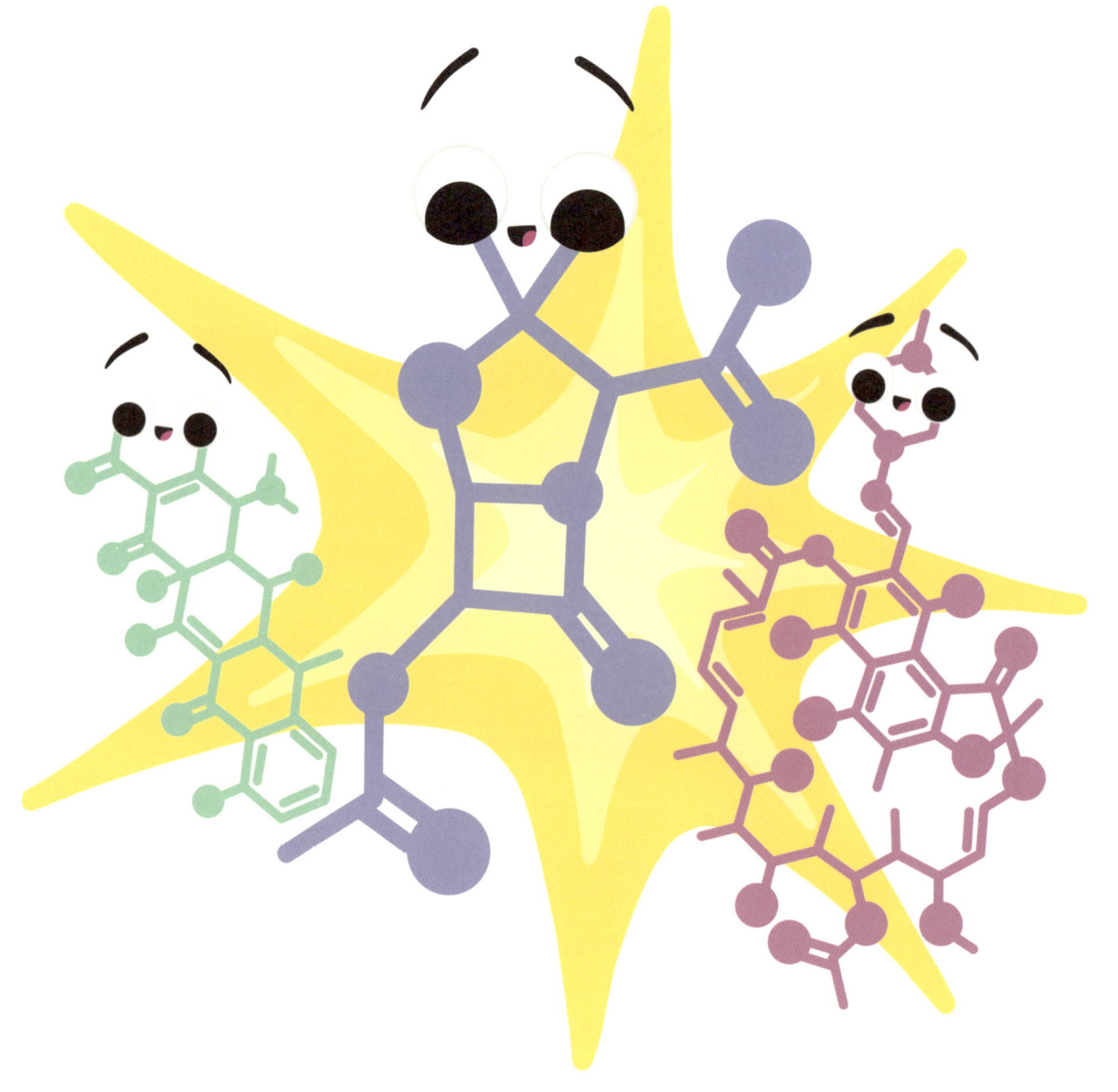

그런데 몇몇 박테리아가 항생제가 힘을 쓰지 못하게 **막는 방법**을 알아냈어요.

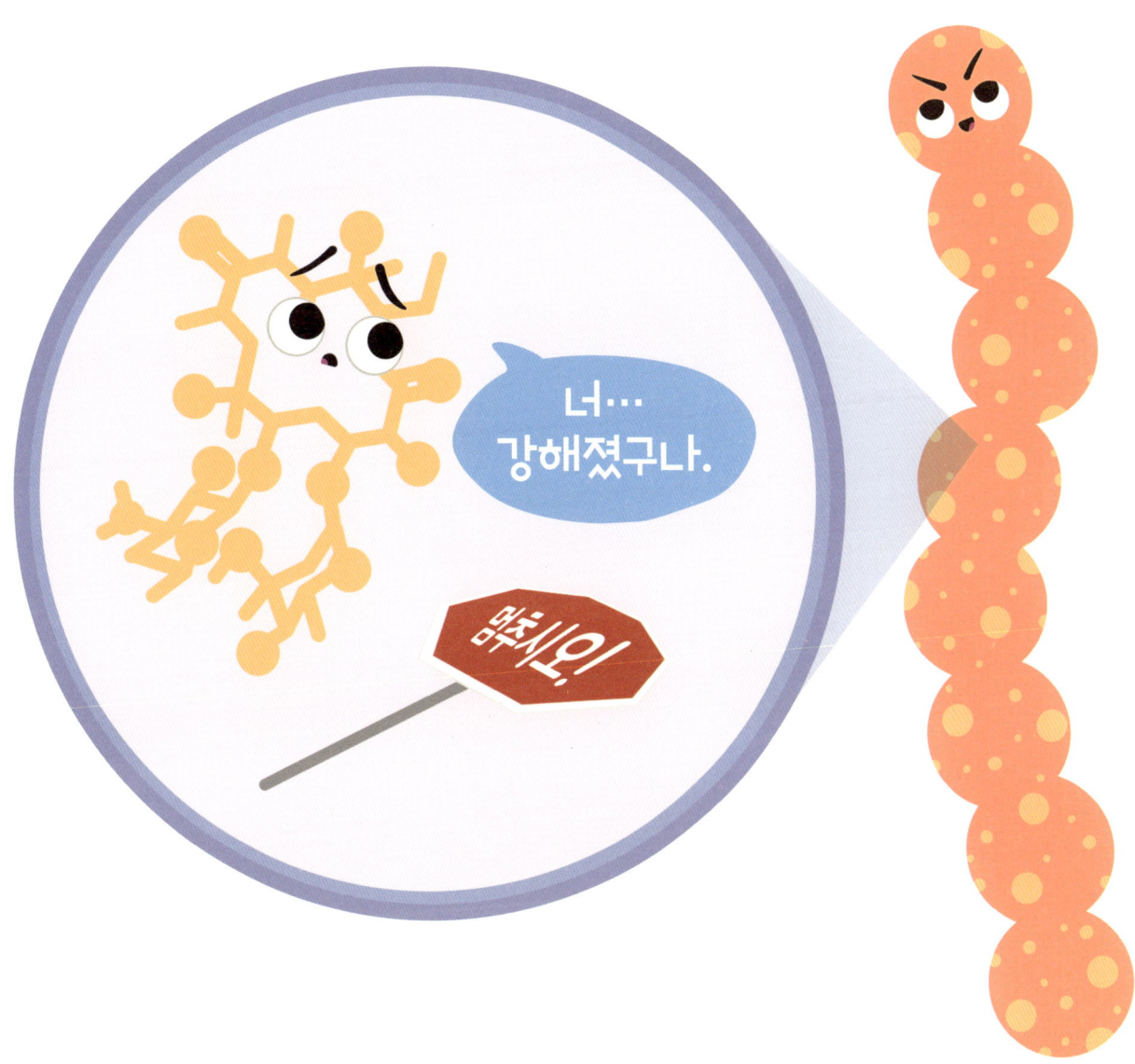

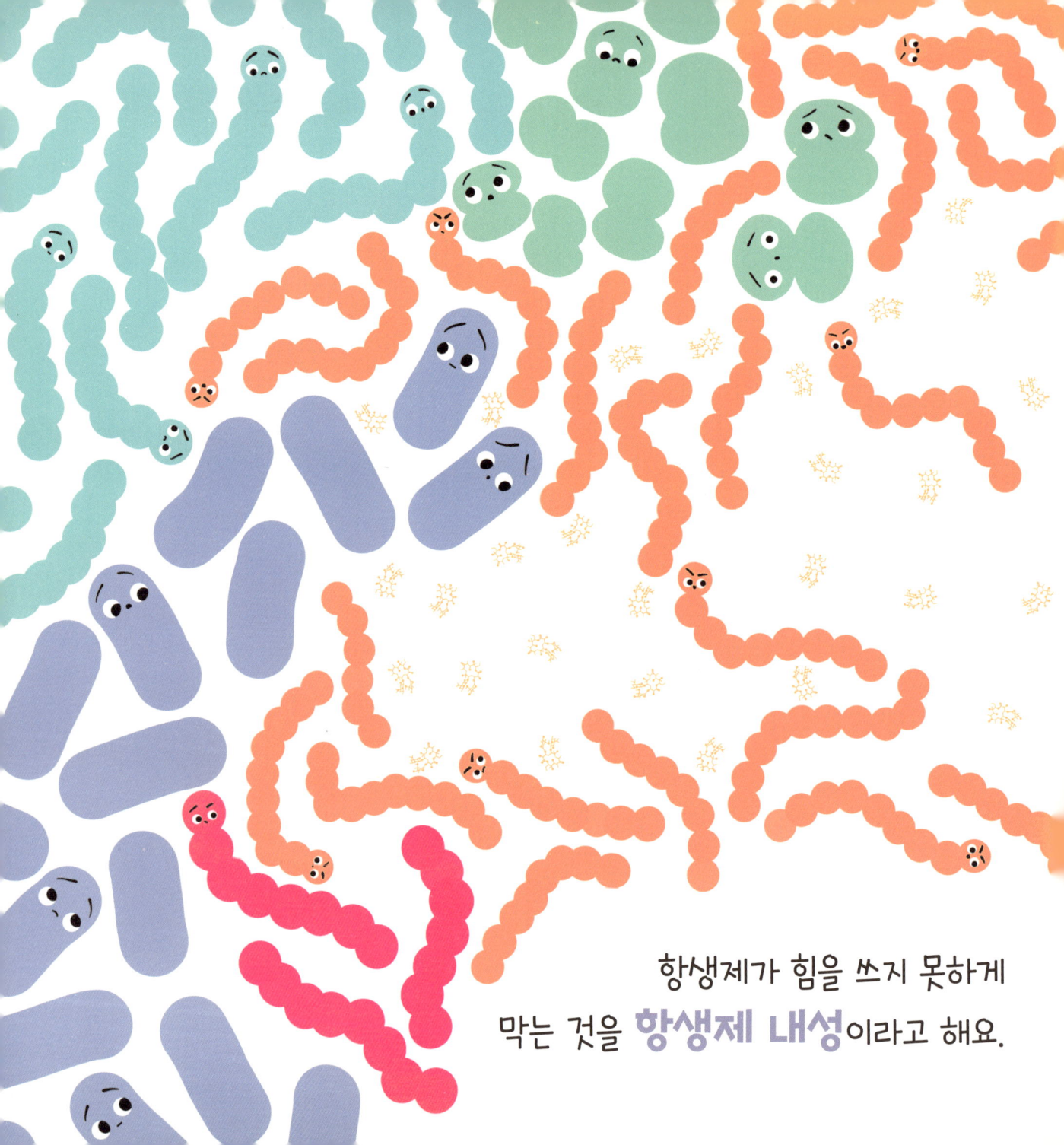

항생제가 힘을 쓰지 못하게
막는 것을 **항생제 내성**이라고 해요.

수많은 과학자와 의사가 이 문제를 풀기 위해 열심히 연구하고 있어요.

여러분도 도울 수 있어요.
손을 깨끗이 씻고, **건강**을 지키려고 노력하면 돼요.

여러분과 여러분 몸 안의 미생물은 **한 팀**이에요!

사람들은 박테리아에 대해서 계속 공부하고 있어요.

여러분도 할 수 있어요!

공부에 재미를 붙이면, 박테리아와 항생제를 연구하는 과학자나 의사가 되어 많은 생명을 구할 수 있을 거예요!

박테리아와 행생제

초판 1쇄 발행 2023년 11월 15일

지은이 카라 플로렌스·존 플로렌스 **옮긴이** 정회성
펴낸이 김현태 **펴낸곳** 책세상어린이 **등록** 2021년 1월 22일 제2021-000032호
주소 서울시 마포구 잔다리로 62-1, 3층(04031) **전화** 02-704-1251 **팩스** 02-719-1258
이메일 editor@chaeksesang.com **광고·제휴 문의** creator@chaeksesang.com
홈페이지 chaeksesang.com **페이스북** /chaeksesang **트위터** @chaeksesang
인스타그램 @chaeksesang **네이버포스트** bkworldpub

ISBN 979-11-5931-789-7 74080
ISBN 979-11-5931-969-3 (세트)

잘못되거나 파손된 책은 구입하신 서점에서 교환해 드립니다.
책값은 뒤표지에 있습니다.
책세상어린이는 도서출판 책세상의 아동·청소년 브랜드입니다.
전 연령의 어린이에게 적합한 도서입니다. Printed in Korea

All rights reserved
including the right of reproduction in whole or in part in any form.
This edition published by arrangement with Sourcebooks, LLC.
This Korean translation published by arrangement with
Chris Ferrie in care of Sourcebooks, LLC through Alex Lee Agency ALA.

이 책의 한국어판 저작권은 알렉스리에이전시 ALA를 통해 Sourcebooks, LLC사와 독점 계약한 책세상에 있습니다.
저작권법에 의해 한국 내에서 보호를 받는 저작물이므로 무단 전재와 복제를 금합니다.

지은이 카라 플로렌스

생화학자예요. 미국 이오나대학교에서 화학을 공부한 뒤 콜로라도 볼더대학교에서 생화학 박사 학위를 받았어요. 딸 셋과 함께 요리하고 실험하는 것을 즐기며, 어렸을 때부터 과학을 쉽고 친밀하게 느낄 수 있도록 어린이를 위한 책을 쓰고 있어요.

지은이 존 플로렌스

정형외과 전문의이자 멋진 두 아이의 아버지예요. 미국 육군 보병 및 특수 부대에서 복무하다가 하버드대학교에서 의학 박사 학위를 받은 뒤 의사의 길을 걷고 있어요. 가족과 함께 숲을 탐험할 때 가장 큰 행복을 느낀답니다.

옮긴이 정회성

도쿄대학교 대학원에서 비교문학을 공부하고 성균관대학교와 명지대학교에서 번역 이론을 강의했어요. 지금은 인하대학교 영어영문학과 초빙교수로 재직하면서 번역가로 활동하고 있어요. 《피그맨》으로 2012년 IBBY(국제아동청소년도서협의회) 어너리스트(Hornor List) 번역 상을 받았어요. 옮긴 책으로 《위대한 개츠비》,《인간 실격》,《동물 농장》,《월든》,《이게 모두 사실이라고?》 등이 있고, 쓴 책으로 《혼자서도 술술 영어 일기 쓰기》,《책 읽어 주는 로봇》,《내 친구 이크발》 등이 있어요.

'키즈 유니버시티 시리즈' 사용 설명서

동화책을 읽어 줄 때처럼, 이 책도 열정을 가지고 읽어 주세요. 엄마나 아빠, 선생님 같은 어른들이 관심을 가진다면, 아이들도 그만큼 책에 주의를 기울일 거예요. 아이들이 이해할 수 있도록 도와주면서 호기심을 자극하세요. 과학이 중요하다는 사실을 알려 주세요.

아이들은 때때로 그림에만 흥미를 느끼고, 내용을 이해하지 못해 답답해하며 질문을 쏟아 낼지도 모릅니다. 그러면 가장 먼저 아이를 칭찬해 주세요. 또 함께 풀어 보자고 의욕을 북돋워 주세요. 생각과 질문이 얼마나 중요한 것인지도 얘기도 주시고요. 정답을 알지 못해도 괜찮다고 다독이며, 때로는 답을 찾아가는 과정이 더 재미있다는 것도 알려 주세요. 아이가 던지는 질문에 대한 가장 좋은 대답은 바로 "네 생각은 어떠니?"라고 되묻는 것입니다.

자신의 생각을 잘 표현하는 아이로 성장하려면, 학습이 하나의 과정이라는 사실을 꼭 이해해야 합니다. 성공은 단순히 정답을 맞히는 것 이상의 의미를 갖습니다. 성공이란 질문을 던질 수 있는 용기, 답을 찾아내려는 끈기, 틀렸을 때 다시 일어설 수 있는 회복력을 갖추는 것을 의미합니다. 틀려도 괜찮습니다. 모든 실패는 성공을 향한 걸음이니까요. 이 걸음에서 어른들의 역할은 아이에게 과학을 가르치고 사실을 알리는 것에 그치지 않고, 평생 배움을 이어 나가는 데 필요한 기술과 마음가짐을 깨우치게 하는 것입니다.

크리스 페리